Ernst Ferstl

ÜBRIGENS

Aphorismen

© 2019

Herstellung und Verlag: BoD – Books on
Demand, Norderstedt

Copyright Aphorismen: Ernst Ferstl
www.gedanken.at

Layout: Angelika Ferstl

ISBN: 9783748144960

Übrigens:

Wer dieses Buch liest,

kann Gedanken lesen.

. . .

Wer gescheiter werden will,

darf keine Angst

vor dem Scheitern haben.

. . .

Der Weg zu sich selbst

ist nicht

mit dem Navi zu finden.

. . .

Wer viel aus Gewohnheit macht,

wird wenig Außergewöhnliches

erleben.

Wer die Liebe sucht,

braucht den Kompass

des Herzens.

. . .

Macht uns jemand

schöne Augen,

sehen wir mehr als da ist.

. . .

Auf die Socken machen

sollte man sich bereits,

bevor man kalte Füße

bekommt.

. . .

Wer vielem aus dem Weg

gehen will, muss viele

Umwege in Kauf nehmen.

Ein geglückter Tag besteht

aus einer gesunden Mischung

von Pflicht und Kür.

. . .

Wer sich gehen lässt

läuft Gefahr,

sich auch fallen zu lassen.

. . .

Was man sich irgendwann

hinter die Ohren geschrieben hat,

sollte man sich gelegentlich

vor Augen halten.

. . .

Sich wohlzufühlen

ist keine Frage des Kopfes,

sondern eine Antwort des Herzens.

Viele Gespräche sind

nichts anderes als Redeübungen.

...

Wie der Mensch,

so sein Vogel.

...

Komisch:

Was für die einen ein guter Witz,

ist für andere

ein schlechter Scherz.

...

Gerade weil unsere Lebenszeit

endlich ist,

ist es unendlich wichtig,

dass wir uns

viel Zeit fürs Leben nehmen.

Ein gutes Gespräch

hat immer zwei Gewinner.

. . .

Hängt man zu viel

an die große Glocke,

hört sie nicht mehr auf

zu läuten.

. . .

Nächstenliebe sollte man

zumindest so oft üben,

dass man nicht

aus der Übung kommt.

. . .

Ist man mit sich selbst

im Reinen, kann es einem

gar nicht dreckig gehen.

Das Wissen

ist ungleich verteilt -

die Dummheit auch.

. . .

Menschen, die einem

überhaupt nicht liegen,

muss man stehen

oder sitzen lassen.

. . .

Das Naheliegende

ist nicht für alle

gleich weit entfernt.

. . .

Wer etwas im Kopf hat,

kann anderen besser

die Stirn bieten.

Schwierige Aufgabe:

ehrlich zu sein,

ohne herzlos zu werden.

. . .

Gewissenslosen Menschen

kann man nicht

ins Gewissen reden.

. . .

Um sich etwas vormachen

zu können, muss man sich

schon sehr gut kennen.

. . .

Wenn Gewohnheiten unser Leben

zu diktieren beginnen,

sollten wir gelegentlich

absichtlich Fehler machen.

Fragen

zeigen unseren Horizont,

Antworten

können ihn erweitern.

. . .

Vergessen

ist eine spezielle Form

des Loslassens.

. . .

Vielredner sind Leute,

die sich nichts dabei

denken.

. . .

Neben der Scheinheiligkeit

gibt es auch

eine Scheingeselligkeit.

Kann man mit jemandem

nicht übers Wetter reden,

kann man ja über die Schlechtigkeit

der Welt wettern.

. . .

Wir können nicht mehr

aus uns herausholen,

als drin ist.

. . .

Man kann das Vergangene

nur loswerden,

wenn man es annimmt.

. . .

Manche Leute kann man

besser riechen,

wenn sie außer Reichweite sind.

Wir sollten uns unsere Grenzen

so setzen,

dass sie uns nicht einengen.

. . .

Wenn man aufs Denken vergisst,

kann man leicht

auf dumme Gedanken kommen.

. . .

Viele Menschen

kennen die Stille

nur noch vom Hörensagen.

. . .

Wenn man seinen Humor

nicht pflegt,

wird er mit der Zeit

lächerlich.

Fühlt man sich

in der eigenen Haut

nicht wohl,

hilft auch kein dickes Fell.

* * *

Weltoffenheit

vergrößert die Welt.

* * *

Vorsicht:

Auch was man

nicht sehen will,

kann ins Auge gehen.

* * *

Es gibt Gedanken,

die sind plötzlich da –

und fordern ein Bleiberecht.

Auch was wir bewusst nicht tun,

hinterlässt Spuren

in unserem Leben.

. . .

In einer Ehe wird es mit der Zeit

langweilig,

wenn die Liebe zu kurz kommt.

. . .

Manche Leute sehen rot,

wenn man durchblicken lässt,

dass man sie durchschaut hat.

. . .

Je tiefer die Freude,

desto höher

die Dankbarkeit.

Manchmal muss man

eine Bemerkung fallen lassen,

um bemerkt zu werden.

. . .

Wenn man sich vor lauter Lachen

die Tränen aus den Augen wischt -

unbezahlbar!

. . .

Spielen wir nicht mit unseren Stärken

und Schwächen –

arbeiten wir lieber mit ihnen!

. . .

Wenn die Zeit

gegen uns arbeitet,

ist es bereits fünf vor zwölf.

Positiv gesehen, sind

auch schlechte Erfahrungen

für etwas gut.

. . .

Die große Stärke des Mittelmaßes

ist seine Anpassungsfähigkeit.

. . .

Kopflose

vor den Kopf zu stoßen,

geht immer ins Leere.

. . .

Hat man jemand

hinters Licht geführt,

braucht man ihn nicht mehr

in den Schatten stellen.

Wer nicht nachdenken will,

hat möglicherweise

Hintergedanken.

...

Die größte Gefahr

für Senkrechtstarter ist,

dass sie den Boden

unter den Füßen verlieren.

...

Die etwas zu sagen hätten,

schweigen viel zu oft.

...

Eine Haltung, die bei vielen bereits

in Vergessenheit geraten ist:

Zurückhaltung.

Geschwätzigkeit

kann auch ein Zeichen

von Gedankenarmut sein.

...

Muss man Federn lassen,

findet sich sehr schnell jemand,

der sich damit schmücken will.

...

Wer das Leben falsch anpackt,

bekommt es nicht in den Griff.

...

Man kann nicht

aus seiner Haut,

aber man kann gelegentlich

über sich hinauswachsen.

In oberflächlichen Gesprächen

geht vieles unter.

...

Gemeinsamkeiten,

die man nicht wahrhaben will,

trennen.

...

Natürlich darf man

sein Glück zeigen,

aber man sollte es nie

zur Schau stellen.

...

Wer weiß, was gespielt wird,

will oft gar nicht mehr

mitspielen.

Nicht alle,

die an uns Gefallen finden,

gefallen uns.

...

Es tut uns gut,

ein Ohr zu finden,

das uns zuhört.

...

Aus Fehlern, die man

zur richtigen Zeit macht,

kann man richtig viel lernen.

...

Was uns vorschwebt,

sollte nicht aus der Luft

gegriffen sein.

Was uns ausgesprochen

wichtig ist, sollten wir

nicht verschweigen.

...

Wer uns im Nacken sitzt,

steht uns wenigstens

nicht im Weg.

...

Bevor einem das Fell

über die Ohren gezogen wird,

ist das Aus-der-Haut-Fahren

gar keine schlechte Idee.

...

Schubladenexperten wissen

sehr schnell und sehr genau,

wo man hingehört.

Die Menschlichkeit

hat kein Parteibuch.

. . .

Kaum hat man verstanden,

worum es im Leben geht,

geht es schon wieder

um etwas anderes.

. . .

Der Ursprung

der Überflussgesellschaft

liegt im Mehr.

. . .

Kann man auch

vorbeugend

nachdenken?

Mit zunehmendem Alter

nimmt der Wert der Zeit zu.

...

Merkwürdig:

Menschen,

die uns Zeit stehlen,

haben es nie eilig.

...

Typisch für jene,

die auf dem hohen Ross sitzen,

sind ihre hochtrabenden Worte.

...

Langeweile

ist

zeitraubend.

Tiefsinnige Gedanken werden

in einer oberflächlichen Welt

kaum wahrgenommen.

...

Gefühlvolle Menschen

denken nicht nur weiter,

sondern auch tiefer.

...

Will man sich eine Gewohnheit

abgewöhnen, braucht man einen

außergewöhnlichen Grund dafür.

...

Weil zu wenig mitgedacht wird,

wird immer mehr

über unsere Köpfe hinweg

entschieden.

Das Leben zu genießen

heißt nicht,

dass alles im Leben

ein Genuss ist.

. . .

Wer über sich

hinauswachsen kann,

hat eine andere Perspektive.

. . .

Die auf dem hohen Ross sitzen,

glauben, sie hätten eine

gehobene Laufbahn

eingeschlagen.

. . .

Man muss nicht sprechen,

um sich selbst zu hören.

Heutzutage muss
man den Menschen
die Wahrheit
ins Gesicht sagen –
hören will sie ja niemand.

...

Auch die Unzufriedenheit
hat ihre Daseinsberechtigung.

...

Wenn man schätzt,
was man hat,
merkt man, dass man
viele Schätze hat.

...

Große Worte
haben eine große Fallhöhe.

Will man mehr aus sich machen,

sollte man weniger darauf schauen,

was die anderen machen.

. . .

Wir sollten

auch zu dem stehen,

was hinter uns liegt.

. . .

Manche Leute

sind nicht lustig,

sondern einfach nur

lächerlich.

. . .

Wer weiß, wo es langgeht,

kennt sicher auch

ein paar Abkürzungen.

Manchen Leuten

fällt es nicht schwer,

leichtfertig

über andere zu urteilen.

...

Versteht man einander sehr gut,

wird aus jedem Treffen

eine Begegnung.

...

Bei der Hand nehmen

kann man viele,

beim Wort nehmen

nur wenige.

...

Dass es guttut, Gutes zu tun,

ist immer noch ein Geheimtipp.

Nimmt man einen Mitmenschen

als Persönlichkeit wahr,

steigt die Wertschätzung.

...

Wo sich jeder nur die Rosinen

herauspicken will,

gibt es Brösel.

...

Unser Verstand

sollte unsere Gefühle

nicht zu leicht nehmen.

...

Manche Lügen

beginnen damit,

dass man sich

etwas vormacht.

Der Weg zum Umdenken

führt übers Nachdenken.

...

In der Stille

steht die Zeit

eine Zeitlang still.

...

Wickelt uns jemand

um den Finger,

besteht die Gefahr,

dass wir ihm

in die Hände fallen.

...

Das ist naheliegend:

Wer zwischen zwei Stühlen sitzt,

braucht Stehvermögen.

Einander verstehen

hat viel

mit hinhören zu tun.

...

Dass man einen Vogel hat,

heißt noch nicht,

dass man auch ein Dachschaden

haben muss.

...

Hohlköpfe sind leider nicht leer,

sondern voller Vorurteile

und Dummheiten.

...

Die Kürze der Zeit

ist uns lange Zeit unseres Lebens

gar nicht bewusst.

Wer fest zu sich steht,

kann leichter

einen eigenen Weg gehen.

. . .

Wer nie gescheitert ist,

ist deshalb nicht

gescheiter.

. . .

Aus einem schlechten Sieger

wird nie ein guter Verlierer.

. . .

Mit Menschen,

die gut mit uns umgehen können,

setzt man sich gerne zusammen.

Vorgespielte Ehrlichkeit
ist immer ein Trauerspiel.

...

Macht ist immer gefährlich,
weil sie sich oft
nicht beherrschen kann.

...

Führt man viele Selbstgespräche,
kann man sich selbst
gleich viel besser verstehen.

...

Manche Menschen
verwechseln Nähe
mit Distanzlosigkeit.

Findet ein Gedanke

die richtigen Worte,

war die Suche erfolgreich.

. . .

Manchmal weiß man nicht weiter,

weil man zu viel weiß,

was man gar nicht wissen will.

. . .

Antworten kann man

leichter ausweichen

als Fragen.

. . .

Wer oft zu kurz kommt,

geht manchmal zu weit.

Wir lieben

unsere Vorlieben.

...

Es ist viel einfacher und leichter,

auf jemanden zu stehen

als zu jemandem.

...

Glückliche Tage sind ein Geschenk,

das man nicht hoch genug

schätzen kann.

...

Die Schere

zwischen Wissen und Gewissen

geht immer weiter auseinander.

Findet man die richtigen Worte,

braucht man nicht viele.

...

Die etwas zu sagen hätten,

haben oft nichts zu sagen.

...

Entscheidungsfrage:

zulassen oder zulassen?

...

Wer das Wesentliche

vom Unwesentlichen

unterscheiden kann,

hat wesentlich mehr Zeit

für sich selbst.

Ich lasse mich nicht kleinkriegen –

dafür ist mein Selbstbewusstsein

zu groß.

...

Das größte Geschenk

ist die Liebe derer,

die wir lieben.

...

Alleswissern

ist nichts heilig.

...

Wer Verstand hat,

hat auch Verständnis dafür,

dass ihn manche

nicht verstehen können.

Was sich bewährt,

sollten wir bewahren.

...

Die Freude

über die Globalisierung

ist grenzenlos -

der Ärger auch.

...

Die beste Waffe

gegen Vorurteile

ist das Nachdenken.

...

Was uns zu denken gibt,

sollten wir uns in Ruhe

durch den Kopf gehen lassen.

Einfühlungsvermögen

macht das Leben reicher.

. . .

Denkt man kreuz und quer,

kommt man schnell

auf andere Gedanken.

. . .

Alleswisser

müssen damit leben,

immer alles

wissen zu müssen.

. . .

Ein leeres Gehirn ist leicht

zu durchschauen.

Verschweigen und Schweigen

sind zwei verschiedene

Paar Schuhe.

. . .

Von Menschen, die ihren Mund

viel weiter aufmachen

als ihre Hand,

sollten wir die Finger lassen.

. . .

Geht es bergab,

läuft alles

wie von selbst.

. . .

Ungläubige

glauben

anders.

Ein Vielleicht lässt uns

mehr Spielraum

als ein Ja oder ein Nein.

. . .

Wenn der Weg

schon das Ziel wäre,

könnte man sich gar nicht

verlaufen.

. . .

Hat man mehrere gute Seiten,

braucht man nicht immer

seine beste Seite zu zeigen.

. . .

Nichts ist billiger

als die Ausrede,

keine Zeit zu haben.

Die Macht der Gewohnheit

und die Macht des Gewöhnlichen

sind Weltmächte.

...

Dass man etwas anders macht,

heißt noch nicht,

dass sich etwas ändert.

...

Wer ein Ziel

erreichen will,

muss mit dem Weg

anfangen.

...

Mülltrennung:

Wo gehört

der Müll im Kopf hin?

Mit Herz, Hirn und Humor -

ein guter Lebensleitgedanke.

...

Den eigenen Erwartungen

gerecht zu werden, ist viel wichtiger,

als die Erwartungen anderer

zu erfüllen.

...

Wir sollten wissen,

was wir besser machen können -

und was wir besser

nicht machen sollten.

...

Wer einen guten Riecher hat,

hat bessere Chancen,

die Nase vorn zu haben.

Was Seltenheitswert hat,

wird oft überschätzt.

...

Maßvoll leben –

das ist ein guter Weg

und ein schönes Ziel.

...

Mit Leuten, die einem

auf die Palme bringen,

ist es nicht gut

Kirschen essen.

...

Was uns unter die Haut geht,

geht uns nicht so schnell

aus dem Kopf.

Gefühle können

nicht warten.

...

Vorsicht:

Hat man die Schnauze voll,

platzt sehr leicht und schnell

der Kragen.

...

Wird das Glück langweilig,

ist es keines mehr.

...

Auf dem Holzweg kommt man

schneller voran,

wenn man das Brett vor dem Kopf

als Sprungbrett zu nutzen versteht.

Tiefschläge haben

eine hohe Trefferquote.

. . .

Nirgendwo

gibt es mehr Ruinen

als in unserer Gedankenwelt.

. . .

Die Vorfreude

muss man sich erarbeiten,

die Freude ist ein Geschenk.

. . .

Die Ehrlichkeit unserer Gefühle

sollte uns zu denken geben.

Warmherzige Menschen

sind leicht zu verheizen.

. . .

Wer öfter in sich geht,

geht weniger oft

auf andere los.

. . .

Die Gleichgültigkeit

ist der Anfang

vom Ende einer Beziehung.

. . .

Einfallsreich

heißt noch nicht automatisch

geistreich.

Dass vieles schiefläuft

auf unserer Welt, ist kein Wunder.

Es beginnt ja alles schon

mit der Schrägstellung der Erdachse.

. . .

Was wir in Kauf nehmen,

kann uns teuer

zu stehen kommen.

. . .

Manche Leute überschlafen

ihre Entscheidungen

jahrelang.

. . .

Wer sich hinter seinen Worten

verstecken will, muss viel reden.

Wer mit dem Leben

einverstanden ist,

kann leichter loslassen.

. . .

Eine harmonische Beziehung

braucht eine gute Mischung

von Geborgenheit und Freiheit.

. . .

Aus Erfolgen

kann man

schneller lernen,

aus Fehlern nachhaltiger.

. . .

Was man gut kann,

macht man einfach lieber.

Wer sich zu wichtig nimmt,

kann die anderen

nicht richtig einschätzen.

...

Was man zur Sprache

bringen kann,

sollte man nicht

verschweigen.

...

Das Schweigen

zur falschen Zeit

ist eine Themaverfehlung.

...

Die Gier

ist ein Allesfresser.

Wir können nur

über uns hinauswachsen,

wenn auch etwas

in uns steckt.

. . .

Will man mutig sein,

darf man nicht lange

überlegen.

. . .

Keine Selbstverwirklichung

ohne Selbstbehalt!

. . .

Wenn manche Leute

Fragen in den Raum stellen,

sinkt die Zimmertemperatur.

Der Wunsch,

verstanden zu werden,

ist kein Wunschkonzert.

. . .

Wer anders tickt,

geht uns gelegentlich

gehörig auf den Wecker.

. . .

Nicht alles,

was man gern tut,

tut einem gut.

. . .

Die auf alles

eine Antwort parat haben,

sollten wir lieber nichts fragen.

Hat man die Wahl,

muss man sie

nur noch treffen.

...

Es gibt Leute,

die betteln richtiggehend

um einen Misstrauensvorschuss.

...

Das Losungswort

für ein zufriedenes Leben

heißt Dankbarkeit.

...

Pessimisten

haben eine andere Art

von Humor als Optimisten.

Wer sich seine Zeit vertreibt,

wenn er sie nicht braucht,

darf nicht erwarten,

dass sie zurückkommt,

wenn er sie braucht.

...

Wünsche können reicher

oder ärmer machen.

...

Wer für das Gute kämpft,

kann sich den Kampf

gegen das Böse sparen.

...

Was man ernstnimmt,

kann man nicht

ins Lächerliche ziehen.

Wer keine Wahl hat,

ist wenigstens

nicht wählerisch.

. . .

Liegt etwas auf der Hand,

bekommt man es leichter

in den Griff.

. . .

Gelegentlich sollten

wir es schaffen,

uns selbst zu überraschen.

. . .

Wer sich selbst

auf den Arm nehmen kann,

ist für alle Mitmenschen

leichter zu ertragen.

Es ist ein gutes Gefühl,

wenn man spürt,

dass sich andere

in unserer Nähe wohlfühlen.

...

Manche Leute üben ständig Kritik,

weil sie Angst haben,

sonst aus der Übung zu kommen.

...

Die Weisheit ist allergisch

auf alle Alles- und Besserwisser.

...

Zu den schwierigsten Fächern

beim Lernen gehören

das Umlernen und das Verlernen.

Wenn man außer sich ist,

ist es zu spät,

dass man in sich geht.

...

Das, worauf es ankommt,

kommt manchmal

gar nicht gut an.

...

Wer in sich ruht,

ist schwer

aus der Ruhe zu bringen.

...

Wer zu viel ins Auge fasst,

verliert leicht den Überblick.

Das Steckenpferd

mancher Leute

ist der Brummbär.

. . .

Manche Menschen

sind schwer zu durchschauen,

weil es in ihnen

ziemlich finster ist.

. . .

Bei hochfliegenden Plänen

muss man mit Gegenwind

rechnen.

. . .

Wer sich weiterentwickelt,

hat gute Chancen,

sich entfalten zu können.

Es liegt auf der Hand,

dass wir vieles in unserem Leben

nicht in der Hand haben.

...

Wer heutzutage nicht weiß,

wo es langgeht,

zieht oft den Kürzeren.

...

Je mehr man

seinen Verstand benutzt,

desto weniger kommt einem

selbstverständlich vor.

...

Dreiecksbeziehungen

laufen nur selten

rund.

Der Punkt

ist das Fundament

für Ruf- und Fragezeichen.

. . .

Alte Erfahrungen helfen,

dass man die neuen

richtig einschätzt.

. . .

Die Selbstverwirklichung

darf die Selbstverantwortung

nicht aus den Augen verlieren.

. . .

Der Fortschritt

kommt nie allein:

Er hat immer ein paar

neue Probleme im Gepäck.

Eine Sportart, die jeder Politiker,

der vorwärtskommen will,

beherrschen muss: Zurückrudern.

...

Der Aberglaube

kann Berge versetzen,

die es gar nicht gibt.

...

Wird einem alles zu bunt,

sieht man nur noch schwarz

oder rot.

...

Wer sich von der Dummheit

anstecken lässt,

dem fehlt der gesunde

Menschenverstand.

Enttäuschungen sind Übungsfelder

für gute Menschenkenntnis.

. . .

Wir verstehen einander

immer weniger,

weil wir einander

immer weniger zuhören.

. . .

Kleine Sorgen verlieren

an Bedeutung, wenn eine

große Sorge auftaucht.

. . .

Bei Menschen, die glauben,

über den Dingen zu stehen,

ist vieles aus der Luft gegriffen.

Wenn man denkt,

was alle denken,

ist es höchste Zeit, sich Gedanken

über seine Gedanken zu machen.

. . .

Man sollte jenen,

die weniger reden,

genauer zuhören.

. . .

Wer etwas offen aussprechen will,

braucht nur noch offene Ohren.

. . .

Wenn die Genussfähigkeit

eine Begabung ist,

gibt es viele Unbegabte.

Wer seinen Weg machen will,

braucht ein Ziel.

. . .

Was man ohne Suchen findet,

wird im Wert oft unterschätzt.

. . .

Was ein Vorteil ist,

hat nicht nur Vorteile.

. . .

Dass wir viel

übereinander wissen,

heißt noch nicht,

dass wir viel

voneinander halten.

Zwischen den Zeilen lesen

ist keine Leseübung.

. . .

Ein Feindbild verdient keinen

freundlichen Rahmen.

. . .

Manche Leute wollen uns

mit ihrer Kritik nicht kritisieren,

sondern bloßstellen.

. . .

Schweigen ist für viele

eine unverständliche

Fremdsprache.

Die keinerlei Rücksicht nehmen,

sind meistens auch die,

die anderen in den Rücken fallen.

...

An Menschen,

die fest zu uns halten,

sollte wir unbedingt festhalten.

...

Was man hinter sich

lassen kann,

stärkt die Gelassenheit.

...

Herzlichkeit

lässt sich nicht kopieren.

Menschen, die man

nicht ernstnehmen kann,

muss man mit Humor nehmen.

...

Eine Liebe, die trägt,

kann viel ertragen.

...

Es gibt Menschen, die hören

sogar mitten im Winter

das Gras wachsen.

...

Die artgerechte Haltung

des inneren Schweinehundes

verlangt Führungsqualitäten.

Unter den Menschen

gibt es mehr falsche Fünfziger

als unter den Banknoten.

. . .

Vorurteile

sind nicht lernfähig.

. . .

Manche Leute wird man

am schnellsten los,

wenn man sie

in den Himmel lobt.

. . .

Die Stunde der Wahrheit

dauert manchmal

nur ein paar Schrecksekunden.

Wer bei rücksichtslosen Menschen

zu viel Nachsicht übt,

handelt sehr kurzsichtig.

...

Wo man sich immer

beengt fühlt, sollte man

beizeiten das Weite suchen.

...

Einen Teil

unseres Nachdenkens

sollten wir dem Vordenken

widmen.

...

Auf dem richtigen Weg

gibt es keine falschen Ziele.

Zu den beliebtesten Fächern

in der Schule des Lebens

gehören die Liebesübungen.

. . .

Wer Vorurteile durchschaut,

ist klar im Vorteil.

. . .

Menschen,

denen alles schmeckt,

haben keinen guten Geschmack.

. . .

Was alle wissen,

wird viel zu oft

verschwiegen.

Es ist nicht nur

eine Frage der Zeit,

bis es fünf vor zwölf ist.

. . .

Je mehr Türen offenstehen,

desto weiter kann man sich

aus dem Fenster lehnen.

. . .

Lieben ist

manchmal einfacher,

als sich lieben lassen.

. . .

Verliebte lieben sich,

Liebende lieben

einander.

Man braucht viel Fantasie,

um die Einfallslosigkeit

mancher Leute

verstehen zu können.

・・・

Die Kunst des Aphorismus:

Denkanstöße geben,

ohne jemanden

vor den Kopf zu stoßen.

・・・

Eiszeit herrscht, wenn uns

die menschliche Kälte

kalt lässt.

・・・

Begeisterung spendet

viel Energie.

Man sollte Berge

erst dann versetzen,

wenn man weiß,

wohin damit.

. . .

Die Leichtigkeit,

mit der manche Leute

über andere herziehen und urteilen,

ist schwer zu ertragen.

. . .

Fortschritt

ohne gesunden Menschenverstand

ist ungesund.

. . .

Das Schweigen wird oft

absichtlich überhört.

Was man am eigenen Leib

erfährt, geht unter die Haut.

...

Manche Leute haben

wirklich viel Pech:

Sie sind zwar nicht

auf den Mund gefallen,

wohl aber auf den Kopf.

...

Wer allen seine Überlegenheit

zeigen will, sollte sich das

noch einmal überlegen.

...

Gegenseitiges Vertrauen

macht aus Mitmenschen

Mitspieler.

Wer sich gehen lässt,

weiß nie,

wohin das führt.

. . .

Wer Gefühle nicht beherzigt,

kann sie nicht richtig

einschätzen.

. . .

Viele Gedanken

sind wie Wolken –

sie hängen in der Luft.

. . .

Lieben kann ich

meine Schwächen nicht,

aber ich habe mich

mit ihnen angefreundet.

Die Zukunft spielt

in einer anderen Liga

als die Vergangenheit.

. . .

Vielsagende Worte

brauchen

nur wenige Wörter.

. . .

Wer ständig klein beigibt,

wird nie etwas Großes schaffen.

. . .

Eine Antwort

ist leichter

in Frage zu stellen

als eine Frage.

Auf dem Weg des Lebens

lernt man viele Umleitungen

kennen.

...

Gute Gedanken

kommen besser an,

wenn man sie

in schöne Worte kleidet.

...

Gewonnene Erfahrungen

und Einsichten

sind wichtige Siege.

...

Wer das Sagen hat,

braucht nicht viel reden.

In der Schule des Lebens

geht es nicht um gute Noten –

sondern nur ums Durchkommen.

...

Wer immer wieder

Federn lassen muss,

dem wachsen keine Flügel.

...

Das Wartezimmer der Hoffnung

ist immer offen

und überfüllt.

...

Denken tut gut.

Aber wir sollten

nicht mehr denken,

als uns guttut.

Manchmal muss man

etwas ausbaden,

weil man zu schwach

für ein Nein war.

...

Wer immer

die Wahrheit sagen will,

muss oft schweigen.

...

Wer sich in andere

hineinversetzen will,

muss aus sich herausgehen.

...

Wer fliegen will,

muss abheben können.

Ein guter Ruf

wertet auf,

ein schlechter Ruf

stempelt ab.

...

Was nicht danebengehen kann,

ist kein Abenteuer.

...

Vorurteile wollen nicht,

dass man über sie nachdenkt.

...

Menschen

mit einem großen Heiligenschein

sind ein leuchtendes Beispiel

für geistige Unterbelichtung.

Vertrauen,

das langsam wächst,

hält länger.

. . .

Das Gesagte

kann man zurücknehmen,

das Gehörte nicht.

. . .

Bei manchen Menschen

hat man das Gefühl,

dass ihnen das Zu-sich-Stehen

nicht liegt.

. . .

Lob von der falschen Seite

sollte man links liegen lassen.

Menschen, denen man

nicht über den Weg traut,

traut man alles zu.

. . .

Wir haben heutzutage

viel Freizeit

und trotzdem wenig freie Zeit.

. . .

Was man verdrängt,

wird man nicht mehr los.

. . .

Es gibt mehr geglückte Tage

als glückliche.

Wenn immer alles rund laufen muss,

kann das über kurz oder lang

zu Kreislauf-Problemen führen.

. . .

Der wichtigste Partner

der Hoffnung

ist die Zukunft.

. . .

Lässt man Liebe zu,

geht einem das Herz auf.

. . .

Glück ist wie ein Elfmeter

im Fußball:

meistens unhaltbar.

Wer tief gefallen ist,

hat wenigstens

viel Luft nach oben.

...

Ich bin fehleranfällig:

Ich mache sogar

bei meinen Fehlern Fehler.

...

Mit Feindbildern sollte man

keine Freundschaft schließen.

...

Hängt der Himmel voller Geigen,

überhört man

so manche Warnsignale.

Die in unserer Nähe stehen,

sind meistens gar nicht die,

die uns nahestehen.

...

Bei einem Kopf-an-Kopf

Rennen genügt es,

wenn man die Nase vorn hat.

...

Was uns am Leben gefällt,

lässt uns aufleben.

...

Wir müssen uns damit abfinden,

dass nicht jede Suche

ein gutes Ende findet.

Überflüssige Gedanken

gehören

zu den Ballaststoffen

des Denkens.

...

Was uns berührt,

hat uns etwas zu sagen.

...

Es gibt ungläubige Menschen,

aber keine,

die an nichts glauben.

...

Vor meinen Gefühlen

habe ich meistens mehr Respekt

als vor meinen Gedanken.

Man braucht

eine gewisse innere Größe,

um über sich hinauswachsen

zu können.

. . .

Auch wer kein Ziel hat,

kann übers Ziel schießen.

. . .

Leute, denen man

aus dem Weg gehen möchte,

trifft man – zufälligerweise –

besonders oft.

. . .

Sind wir total glücklich,

lächelt unser ganzer Körper.

Manchmal muss man seinem Ärger

Luft machen, weil man sonst

in die Luft gehen würde.

. . .

Solange man noch etwas vorhat,

hat man noch nicht alles hinter sich.

. . .

Wer die Macht hat,

will sie gelegentlich auch ausüben.

. . .

Wer seine Grenzen

gut kennt, kennt auch

ein paar Schlupflöcher.

Was spontan aussieht,

ist oft einfach nur unüberlegt.

. . .

Wie viel wir aneinander haben,

lässt sich nur im Miteinander

erfahren.

. . .

Wer versucht,

aufrichtig zu leben,

hat schon viel richtig gemacht.

. . .

Zu viele Zweifel

verderben den Glauben.

Ohne die Anderen

ist unser Ich kein Du.

. . .

Wer leicht aufgibt,

macht sich vieles im Leben

schwerer als notwendig.

. . .

Zeitweise vergeht

die Zeit langsam,

aber sie holt schnell

wieder auf.

. . .

Ist der Weg

wichtiger als das Ziel,

stehen einem viele Wege

offen.

Hoffnungsschimmer:

Man kann sich auch

durch Auseinandersetzungen

näherkommen.

. . .

Was uns etwas angeht,

sollten wir nicht übergehen.

. . .

Egoismus

ist eine beliebte Methode,

sich selbst an der Nase

herumzuführen.

. . .

Im Scherz ist mehr erlaubt

als im Ernst.

Was man nicht versteht,

überschätzt man meistens.

. . .

Wer sagt, was er meint

und meint, was er sagt,

meint es ernst.

. . .

Zuneigung

lässt Nähe zu.

. . .

Bei manchen Gesprächen

muss man

schon sehr genau hinhören,

dass man Spurenelemente

von Wahrheit entdeckt.

Aufrichtigkeit im Denken,

Reden und Tun -

das ist ein gutes Maß

für menschliche Größe.

...

Schubladen sind immer

noch besser, als alle Menschen

in einen Topf zu werfen.

...

Wer das Sagen hat,

braucht sich kein Blatt

vor den Mund zu nehmen.

...

Wer nichts zu sagen hat,

hat leicht reden.

Wer sich in Schweigen hüllt,

ist schwer zu durchschauen.

. . .

Was wir verdrängen,

ist damit nicht verschwunden.

. . .

Der Fortschritt

macht das Einfache

immer komplizierter.

. . .

Man hört und liest so viel

von Selbstverwirklichung –

und so wenig

von Selbstverantwortung.

Die Dankbarkeit endet dort,

wo die Unzufriedenheit

beginnt.

...

Manchmal ist es sinnvoller,

sich zu verlaufen,

als auf der Strecke zu bleiben.

...

Je größer die Klappe,

desto kleiner das Hirn.

...

Herz über Kopf

kann beide

durcheinanderbringen.

Wer sich nur einmischen will,

braucht nicht einfühlsam

zu sein.

. . .

Wächst die Liebe,

wächst das Vertrauen.

. . .

Was man sagen kann,

das kann man sich

auch denken.

. . .

Eine Einsicht

kann einige Ansichten

verändern.

Menschen, mit denen wir

über alles reden können,

sollten wir gut zuhören.

. . .

Unsere Lebenseinstellung

wird sichtbar

in unserer Lebensgestaltung.

. . .

Was man nicht kaufen kann,

wird immer wertvoller.

. . .

Kurze Glücksmomente

können eine längere Phase

Zufriedenheit auslösen.

Solange Krieg ein Geschäft ist,

werden diese Geschäftemacher

nicht aussterben.

. . .

Gute Sprüche

sind Gedankenschätze.

. . .

Gelassenheit muss man

immer wieder üben –

sonst lernt man sie nie.

. . .

Blätter brauchen

das Fliegen

nicht zu lernen.

Eine Frage

in Frage zu stellen,

ist noch keine Antwort.

...

Die Suche nach guten Ausreden

fördert die sprachliche Kreativität.

...

Viel versprechende Menschen

sind nicht vielversprechend.

...

Das Ziel

mancher Zeitgenossen ist,

anderen so oft wie nur möglich

im Weg zu stehen.

Die uns lieben,

werten uns auf.

. . .

Wer ein Gegengeschenk

erwartet,

kann sich das Schenken

schenken.

. . .

Was Richtung weisend ist,

ist meistens auch

Ziel führend.

. . .

Aufbauende Worte

sind Kraftquellen.

Eine übertriebene Wahrheit
ist des Guten zu viel.

...

Natürlich gibt es Tage im Leben,
die zum Vergessen sind;
aber was wirklich zählt,
sind die unvergesslichen.

...

Pessimisten sind keine
Optimistenversteher.

...

Manchmal braucht man
Stolpersteine, um zu merken,
dass man vorankommt.

Mit einem blauen Auge

davonzukommen,

sollte kein Grund sein,

schwarz zu sehen.

...

Die uns abblitzen lassen,

darf man ruhig im Regen

stehen lassen.

...

Wir denken meistens

gescheiter

als wir handeln.

...

Was uns tief berührt,

macht uns betroffen.

Wenn die Rolle,

die man spielt,

keine Rolle mehr spielt,

hat man zu lange mitgespielt.

...

Wer nichts bezweifelt,

muss alles glauben.

...

Man braucht

kein Labyrinth,

um sich zu verirren.

...

Wenn vom Tatendurst

nur noch der Durst übrigbleibt,

sollte man sich reinen Wein

einschenken.

In einer Ellbogengesellschaft

geht es in erster Linie

ums Durchboxen.

. . .

Unmenschlichkeit

ist eine Gotteslästerung.

. . .

Unserer Erde

wird übel mitgespielt,

weil sie viel zu viele

als Spielball fürs Geldverdienen

benützen.

. . .

Auch bei der Umkehr

kann man sich verirren.

Wer immer nur ans Glück denkt,

wird sich nur selten

glücklich fühlen.

...

                    Das Glück gibt,

              das Unglück nimmt.

...

Wenn wir uns nicht

aufeinander verlassen können,

verlässt uns

das gegenseitige Vertrauen.

...

Liebhaben

kann man viele,

lieben nur wenige.

Wir können nicht mehr

zur Sprache bringen,

als unsere Worte hergeben.

...

Eine schlechte Erfahrung

ist ein Wecker,

der uns aus einem Traum reißt.

...

Wer alles satt hat,

hat Hunger

nach etwas anderem.

...

Manche Leute sind

nicht zu durchschauen,

weil es in ihnen

ziemlich finster ist.

Pessimisten sind

auf böse Überraschungen

besser vorbereitet.

. . .

Mit Menschen, die man

gut riechen kann,

versteht man sich einfach

besser.

. . .

Im Übers-Ziel-Schießen

sind manche Leute

unübertrefflich gut.

. . .

Es gibt Hintergedanken,

die sich gern

nach vorn drängen.

Kann man einer Versuchung

nicht widerstehen,

sollte man es mit dem Widersetzen

versuchen.

...

Man muss gar nicht verrückt sein,

um auf verrückte Ideen zu kommen.

...

Der Zufall macht, was er will,

wenn man ihn lässt.

...

Was man zugibt,

braucht man nicht verstecken

oder verdrängen.

Manchmal muss man

das Denken sein lassen,

um den Kopf nicht zu verlieren.

. . .

Das Gedachte

kann das Erfahrene

nicht ersetzen.

. . .

Wir können uns

nicht um alles sorgen,

weil wir sonst

nichts als Sorgen hätten.

. . .

Wer Gefühle zulässt,

spürt das Leben.

Ereignisse, für die wir

keine Worte finden,

bereiten uns oft Kopfzerbrechen.

...

Ist die Gelassenheit

ernst gemeint,

ist sie von heiterer Natur.

...

Ist man im Vollbesitz seines Wollens,

kann man auch

scheinbar Unmögliches schaffen.

...

Manchmal hören wir nicht,

was jemand sagt, weil wir

etwas anderes hören wollen.

Das Gutgemeinte

kommt bei den Gemeinten

manchmal gar nicht gut an.

...

Was nur Spaß macht,

macht auf Dauer

keine Freude.

...

Wer mitten im Leben steht,

kennt seine Grenzen.

...

Wer die erste Geige spielen will,

braucht ein Orchester,

das mitspielt.

Wer zu viel auf

die leichte Schulter nimmt,

übernimmt sich irgendwann.

. . .

Unvergessliche Augenblicke

verjähren nicht.

. . .

Wer andere

maßlos überschätzt,

ist ihnen unterlegen.

. . .

Egoisten denken nur an sich,

ohne sich dabei

etwas zu denken.

Sprüche, die uns ansprechen,

haben uns etwas zu sagen.

. . .

Was wir bewältigen können,

kann uns nicht mehr

überwältigen.

. . .

Wenn Liebe einfach wäre,

wäre sie nicht so schön.

. . .

Über Geschmack

lässt sich streiten,

über Geschmacklosigkeit

nicht.

Für jede schlechte Erfahrung

gibt es gute Gründe.

. . .

Wer kurz angebunden ist,

kann sich schneller

abseilen.

. . .

Auch wer sich

weiterentwickeln will,

muss sich gelegentlich

festlegen.

. . .

Nimmt uns jemand

die Butter vom Brot,

sind wir echt angefressen.

Anspruchsvolles

spricht oft

nur wenige an.

． ． ．

Das Wichtigste

an vielen Träumen ist,

dass sie eine Sehnsucht

in uns wecken.

． ． ．

Wer nicht zuhören kann,

kann sich auch selber

nichts sagen.

． ． ．

Was gesagt werden müsste,

wird viel zu oft verschwiegen.

Für manche Gedanken,

die uns durch den Kopf gehen,

ist es besser, wenn sie

im Kopf bleiben dürfen.

...

Unsere Gedanken sind

folgenreicher und mächtiger,

als wir denken.

...

Wer sich weichklopfen lässt,

lässt sich leichter festnageln.

...

Auch Gefühle

haben ihre Blütezeit.

Die meisten Menschen

lassen sich lieber behandeln,

als dass sie selber handeln.

...

Das Abgewöhnen zählt nicht

zu den Gewohnheiten.

...

Die meisten Menschen

sind lieber unter sich

als bei sich.

...

Liebgewonnene Gewohnheiten

geben uns ein Gefühl

der Geborgenheit.

Auch Zeit, die man hat,

muss man sich erst einmal

nehmen.

. . .

Total angepasste Menschen

sind nicht normal,

sie sind normalisiert.

. . .

Es macht einen mit der Zeit fertig,

wenn man sich immer und für alles

rechtfertigen muss.

. . .

Es gibt Tage, die wollen

mit der Zufriedenheit

einfach nichts zu tun haben.

Es ist die Vergänglichkeit,

die jeden Augenblick des Lebens

so wertvoll macht.

...

Mit dem richtigen Partner

fürs Leben, lebt es sich

wie im Paaradies.

...

Stellt sich ein Umweg

als Holzweg heraus,

braucht man einen Ausweg.

...

Worte

können

Brücken schlagen.

Verstehen

heißt nicht automatisch

Gutheißen.

. . .

Manchen Menschen muss man

einen Floh ins Ohr setzen,

damit sie einem zuhören.

. . .

Friedhöfe

sind ein Musterbeispiel

für ein friedliches

Zusammenleben.

. . .

Es gibt mehr Menschen

ohne Taktgefühl

als unmusikalische.

Wird etwas Schlechtes

über uns gesagt,

das nicht zutrifft,

trifft uns das besonders hart.

. . .

Wer seine Grenzen ausloten will,

kommt um Grenzerfahrungen

nicht herum.

. . .

Wo das Blaue vom Himmel

gelogen wird,

sind Wolkenbrüche nur noch

eine Frage der Zeit.

. . .

Manchmal ist bereits

ein Ausweg die Lösung.

Wir sollten

nicht alles schlucken,

was uns vorgekaut wird.

...

Auch das Mittelmaß

hat seine Maßlosigkeit.

...

Nicht alle,

die an unserer Seite stehen,

stehen auch auf unserer Seite.

...

Mangelndes

Vertrauen ist etwas,

das manche im Überfluss haben.

Manche Leute

sind nur im Schönreden

ihrer Niederlagen erfolgreich.

...

Der gesunde Menschenverstand

hat ein gutes Immunsystem.

...

Wenn alles rund läuft,

kann man sich

den geraden Weg leisten.

...

Die Haltbarkeit einer Beziehung

hängt auch davon ab,

wieviel man voneinander hält.

AKTUELLE ERNST FERSTL APHORISMENBÄNDE:

2014: "**Ausgedrückte Eindrücke**", BOD

2015: "**Punktgenau**", BOD

2017: "**Wenn ein Wort sitzt,
kann man es stehen lassen**", Bellaprint V.

2018: "**Andenken**", BOD

2018: "**Denkwege**", BOD

2019: "**Denkworte**", BOD

ERNST FERSTL

HP: www.gedanken.at

E-Mail: ernstferstl@aon.at

Geb. 1955 in Neunkirchen (Niederösterreich),
lebt mit seiner Familie in Zöbern/Bucklige Welt,
Lehrer an der HS und NMS in Krumbach,
seit 2017 in Pension.

Schreibt Aphorismen, Gedichte und Kurztexte.

Veröffentlichte bisher mehr als 30 Bücher
in österreichischen und deutschen Verlagen.